*Mamá, siempre he amparado*
*mis sentimientos por ti*
*en el rincón más precioso*
*dentro de mi alma.*

*Mis recuerdos del hogar*
*me acompañan por doquier*
*para que mi corazón*
*esté siempre junto a ti.*

*Y en cada uno de mis días*
*desde el ayer más lejano*
*hasta el mañana más distante,*
*sé que continuaré agradeciéndote*
*todo lo que tú eres para mí*
*y lo que por mí haces.*

*– Collin McCarty*

**Las ediciones en español**
**publicadas por**

**Blue Mountain Arts®**

*A mi hija, con amor,*
*sobre las cosas*
*importantes de la vida*
*por Susan Polis Schutz*

**Antologías:**

*Aguántate*

*Cree siempre en ti y en tus sueños*

*El matrimonio es una promesa de amor*

*En tu alma hay nobleza, hijo mío*

*Estos son los dones que quisiera darte*

*La verdadera amistad*
*siempre perdura en el corazón*

*Lemas para vivir*

*Piensa pensamientos positivos cada día*

*Si dios está a tu lado ...no estrás jamás a solas*

# *Te quiero, Mamá*

*Una colección de Artes Monte Azul*
*Editada por Gary Morris*

Artes Monte Azul™
Blue Mountain Arts, Inc., Boulder, Colorado

*Los RECONOCIMIENTOS aparecen en la página 64.*

*Número de la Tarjeta de Catálogo de la Biblioteca del Congreso: 00-057970*
*ISBN: 0-88396-564-X*



*Hecho en EE.UU.*
*Tercer edición en español: 2004*

 *Este libro se imprimió en papel reciclado.*

**Datos de publicación del sistema de catálogo de la Biblioteca del Congreso**

*I love you, mom. Spanish*
*Te quiero, mamá : una colección de poemas / editada por Gary Morris. – 1. ed. en español.*
*p. cm.*
*ISBN 0-88396-564-X (alk. paper)*
*1. Mothers – Poetry. 2. American poetry – Translations into Spanish. I. Morris, Gary, 1958- II. Title.*

*PS595.M64 I1518 2000*
*811'.540803520431–dc21*

*00-057970*

*Blue Mountain Arts, Inc.*
*P.O. Box 4549, Boulder, Colorado 80306, EE.UU.*

# Índice

1 Collin McCarty
7 Debra Elliott
8 Deborah A. Brideau
10 Debbie Hearon
11 Chris Gallatin
12 Donna Fargo
14 Edmund O'Neill
15 Collin McCarty
16 Susan Polis Schutz
18 Chris Ardis
19 Anna Marie Edwards
20 Cheryl Van Gieson
22 Carey Martin
23 Barbara J. Hall
24 Geri Danks
26 Lan T. Nguyen
28 Susan Polis Schutz
30 Connie Meyer
31 Patricia A. Teckelt
32 Janet Kostelecky Nieto
34 Barbara J. Hall
35 Laurel Atherton
36 Donna Fargo
38 Lori Glover
39 Linda E. Knight
40 Collin McCarty
42 Barin Taylor
43 Barbara Cage
44 Lori Pike
46 Edmund O'Neill
47 Linda E. Knight
48 Carrie Rowe
50 Judith Hintz Tanaka
52 Donna L. West
53 Susan Polis Schutz
54 Barbara J. Hall
56 Mary George
57 Donna Newman
58 Ben Daniels
60 Barbara Cage
62 Claudine Krovoza
63 Barbara J. Hall
64 Reconocimientos

# *Mamá, si pudiera te regalaría el mundo*

*Ojalá pudiera construirte esa*
*casa de ensueño que siempre deseaste.*
*La llenaría con tus personas preferidas*
*y con tus recuerdos más alegres.*

*Ojalá pudiera recuperar todos esos momentos*
*en que herí tus sentimientos o te decepcioné.*
*Los cambiaría por palabras como*
*"Te quiero" o "Me alegro de que seas mi mamá."*

*Ojalá pudiera garantizar que tendremos*
*todos los mañanas que queremos,*
*y todo el tiempo que necesitamos para celebrar*
*y disfrutar nuestra gran amistad.*

*Pero no puedo construir la casa de tus sueños,*
*ni cambiar el pasado,*
*ni predecir el futuro.*

*Por eso, simplemente, te digo cuánto te quiero,*
*por ser quién eres,*
*por la influencia maravillosa e inolvidable*
*que has ejercido en mi vida,*
*y cuánto me alegra*
*que seas mi mamá.*

*– Debra Elliott*

## *Tú siempre lo has sido todo para mí*

*Tú has sido mi maestra*
*en las lecciones de la vida,*
*indicándome el rumbo*
*pero permitiéndome tropezar*
*y ayudándome después*
*a levantarme otra vez.*
*Tú has sido mi amiga*
*escuchándome cuando necesitaba hablar,*
*haciéndome hablar cuando no sabía*
*que eso necesitaba,*
*apoyándome cuando me abrumaba,*
*y ayudándome a ver que no todo*
*estaba tan mal.*
*Tú has sido mi modelo*
*guiándome con tu ejemplo.*
*Por sobre todas las cosas, has sido mi madre*
*amándome incondicionalmente*
*cualquiera la circunstancia*
*dejándome saber que no estaba a solas*
*ni nunca lo estaría*
*porque por siempre tendría un hogar.*

*No hay agradecimiento que abarque*
*todo lo que me has enseñado,*
*lo que me has dado, lo que has hecho por mí...*
*No hay compensación posible.*
*Todo lo que puedo hacer es decirte*
*que te amo de todo corazón,*
*que te agradezco de alma,*
*que te atesoro*
*y quiero estar junto a ti.*
*Tengo la increíble fortuna*
*de contar con el don*
*de una madre como tú.*
*Te quiero.*

*– Deborah A. Brideau*

# *El amor de una madre es único*

*Sólo una vez en tu vida*
*alguien tan especial*
*marcará tu senda*
*y preparará el camino*
*para un futuro mejor.*
*Sólo una vez habrá una persona*
*que te ame tanto como para decir que "no"*
*pero tenga el entusiasmo*
*de decir que "sí" cuando se pueda.*
*Sólo una vez en tu vida*
*alguien esperará pacientemente*
*mientras tú tomas*
*las decisiones más importantes de tu vida.*
*Sólo una vez conocerás a alguien*
*que tiene la valentía de no vacilar*
*cuando haya tomado una decisión.*
*Sólo una vez tendrás la oportunidad*
*del amor de una persona*
*que jamás podría amarte más*
*de lo que te ama cada día.*
*El amor de una madre es único.*

*– Debbie Hearon*

# *Un poema especial para una madre especial*

*Hay tantos momentos*
*en que deseo que supieras... lo que*
*significas para mi, y lo mucho que te agradezco*
*que seas una madre tan maravillosa.*

*Si hay gozo en mi corazón,*
*es porque tú ayudaste a ponerlo allí.*
*Si hay dulzura en mis creencias,*
*es porque me enseñaste a preocuparme.*
*Si hay comprensión en mis pensamientos,*
*es porque compartiste conmigo tu sabiduría.*
*Si hay un arco iris sobre mis hombros,*
*es por tu actitud y tu visión.*
*Si soy consciente de que puedo ir más allá –*
*y de que si puedo convertir en realidad*
*algunos sueños –*
*es porque lo aprendí de la mejor*
*maestra de todas.*
*Lo aprendí... de tí.*

*En las diversas épocas de mi vida, ya estemos*
*cerca o lejos, recuerda siempre,*
*que no podría haber ninguna madre*
*más maravillosa... que tú.*

*– Chris Gallatin*

## *Tantas son las cosas que has hecho por mí... ¿Cómo podré agradecértelas?*

*Una y otra vez supiste leer mi corazón, sentir mi necesidad, y te atribulaste para ayudarme cuando podrías haberme dicho que ya no estaba bajo tu amparo.*

*Nunca me sermoneaste, sino que supiste escuchar, aconsejar, poner en guardia. En ocasiones las diferencias entre nuestras generaciones se tropezaban, cambiándonos a ambas. Sé sin embargo que era yo quien más podía aprender y beneficiarme con tu ejemplo. Tanto supiste enseñarme y tanto te sacrificaste por mí. Aunque ya te lo haya dicho en ocasiones, otra vez quiero agradecértelo.*

*La vida no siempre ha sido una brisa para mí;*
*ambas conocemos mis flaquezas y mis errores.*
*Lamento haberte abrumado con mis desazones.*
*A veces no sé qué haría sin ti.*

*Sé que dar es una bendición, pero también es*
*recibir. Quisiera por una vez intercambiar*
*bendiciones para que tú pudieras recibirlas también.*

*Espero que te apercibas de mi gratitud y aprecio,*
*que sepas cuán importante eres para mí. Espero*
*también que sepas que no son éstas meras palabras*
*vacías. Son las palabras cobijadas en mi corazón,*
*Madre, para decirte que te amo.*

*– Donna Fargo*

# *Gracias, mamá...*

*Cuando pienso en mi infancia me apercibo de la fortuna de tenerte como madre.*

*Viví los mejores cumpleaños, festejos y vacaciones que se pudieran desear. Aunque huyan los años, yo sé que estos recuerdos jamás se desvanecerán. Por siempre resplandecerán en mi corazón.*

*Crecí sabiendo que me rodeaban el amor y el amparo. Ahora, todo lo enfrento con confianza y con esperanza, porque yo sé que en mí tú crees de corazón.*

*Supe por siempre que podía hallar amparo y consuelo en tus brazos amantes, esperanza y fuerza en tu corazón tierno, aceptación y amor en tu sonrisa dulce. Y eso no deja de ser así aún hoy.*

*No me apercibía de todo ello cuando era más joven – o no sabía cómo darle palabras. Por eso quiero decirte lo maravilloso que es para mí tenerte en mi vida: la mejor mamá que existiera jamás.*

*– Edmund O'Neill*

# ¿Qué es la familia?

La familia es un hogar dentro del corazón.
Es donde el amor empieza
sin acabar jamás; es donde
la felicidad empieza.

La familia es una mezcla de personas
y personalidades que comparten
la senda de sus peregrinaciones por el mundo.
Bajo el mismo techo y envuelta en una misma
sensación de tibieza, la familia se ampara
en miles de recuerdos del ayer y
en el anhelo de permanecer juntos
en los distantes mañanas.

La familia es aceptación. La familia es confianza.
La familia es comprensión
cuando no la hay por doquier.
La familia es perseverancia y orgullo
personal y profundo.
Nada se compara con el lazo que los une,
la historia que comparten, el telar
de sus vidas en cada sonrisa,
cada lágrima, cada momento trascendental
de sus años compartidos. Otras cosas
van y vienen, pero la familia
siempre está.

La familia es un hogar... tibio
dentro del corazón.

– Collin McCarty

# *Eres la persona más importante y más bella de nuestra familia*

*Gracias por otorgarnos*
*la estabilidad*
*que da la confianza*
*el conocimiento que ayuda*
*a desempeñarse*
*la fortaleza que ayuda*
*a superar las vallas*
*la dedicación que ayuda*
*a crecer*
*y los ríos de tiempo*
*que pasas para*
*conservarnos juntos.*
*Gracias*
*por tu presencia constante para ayudar*
*por tu presencia constante para*
*comprender*
*por tu presencia constante*
*para amar.*
*Eres una persona muy especial*
*porque para ti las necesidades de tu familia*
*cuentan más que las tuyas.*

*Quiero que tú sepas*
*cuánto lo apreciamos*
*Quiero agradecerte*
*que seas una persona tan importante*
*y tan bella*
*en nuestra familia*
*y también quiero que sepas*
*que puedes*
*apoyarte en mí*
*para todo lo que necesites.*
*Te quiero más*
*que a nadie en el mundo.*

*– Susan Polis Schutz*

*Tantos son los dones que me has dado*
*a lo largo de los años,*
*pero lo más importantes*
*no vinieron en papel de colores*
*ni en ocasiones especiales.*
*Tú me has dado*
*el don maravilloso de la risa:*
*tantas veces yo recuerdo*
*la intensidad de nuestra risa.*
*Tú me has dado el don de la sensibilidad:*
*gracias a ti aprendí*
*a apercibir la desazón de otros*
*y ayudar cuando pudiera.*
*Tú me has dado el don de la honestidad:*
*me imbuiste de la importancia de decir la verdad*
*a otros y en el corazón.*
*Tu don de la fe es un tesoro*
*difícil de encontrar en el mundo de hoy:*
*tuve la fortuna de que tú*
*me mostraras su importancia.*
*Siempre me has amado tan sincera*
*y cálidamente,*
*y gracias a ti, ahora puedo*
*tender la mano y tocar la vida*
*de otros con trascendencia.*
*Ahora puedo abrazar, amparar y expresar*
*mi amor a los que están junto a mí.*
*Son éstos y todos los otros*
*dones incontables que me llenan de gratitud*
*por una madre como tú.*

*– Chris Ardis*

# *Estos son los dones que quisiera otorgarte*

*Un agradecimiento de corazón... por todo lo que haces por mí ~ La certidumbre... de que sí recuerdo, y siempre recordaré lo que tú me enseñaste ~ Una plenitud de razones... para que te enorgullezcas de mí, porque siempre trataré de hacer lo mejor que pueda ~ Un pedido de perdón... por los dolores de cabeza que te ocasioné al crecer ~ Un certificado de regalo... para rescatar en cualquier momento – tantas veces como quieras – por lo que por ti pueda hacer ~ Mi promesa... que por más que peregrine lejos del hogar, tú siempre estarás en mi corazón ~ Mi dedicación constante... a nuestra familia y a los valores que tú me has enseñado ~ El reconocimiento... de todas las grandes cosas que has hecho en tu vida (¡una de ellas soy yo!) ~ Una invitación... para que estés por siempre en mi vida, y no tengas que pedir jamás ~ Un racimo de deseos... de paz, alegría y felicidad en tu vida, tal como te mereces ~ Mi amor... por siempre jamás.*

*– Anna Marie Edwards*

# *Mamá, así como yo crecí creció mi gratitud y mi amor por ti*

*"El tiempo vuela", dice la gente.*
*En ocasiones asusta*
*mirarse en el espejo y ver*
*que así es.*
*Tantas veces olvidamos decir*
*lo que sentimos en el corazón,*
*y cuando quisiéramos decirlo*
*es demasiado tarde.*
*Por eso, en este instante, Mamá,*
*quiero decirte...*
*En mi infancia, tantas eran*
*las cosas que no comprendía,*
*tu duro trabajo,*
*todos tus sacrificios*
*por la familia.*
*Todos los sueños que abrigabas*
*ocultos en tu corazón*
*y aquellos que jamás se realizaron.*

*Por momentos te habrás frustrado*
*y habrás tenido instantes*
*llenos de desesperación.*
*Sin embargo en ningún momento*
*dejaste de darnos todo tu corazón.*

*No hiciste una gran carrera*
*ni te abrigaste en armiño.*
*No vagabundeaste por el mundo*
*ni lo recorriste en coche de lujo.*
*Cada día de tu vida nos cuidaste*
*nos criaste, nos alimentaste,*
*y nos amaste,*
*sin jamás esperar nada de nosotros.*
*Ya ves, mamá, ahora yo sé*
*y comprendo,*
*que tú me has dado no una sino dos vidas:*
*la mía... y la tuya.*

*– Cheryl Van Gieson*

# *Si otorgaran premios a la "Persona más especial del año"...*

*Quiero que sepas*
*que con seguridad*
*mi voto sería para ti, mamá.*

*Si los jueces preguntaran*
*el porqué,*
*les diría que podría darles*
*una lista de mil páginas*
*de lo maravillosa que eres para mí.*

*Y no cabría duda alguna:*
*la ganadora*
*tú serías*
*con seguridad.*

*– Carey Martin*

*Querida mamá,*

*Recuerdo que en mi infancia te expresaba mi amor abriendo los brazos y diciendo "Te quiero así de mucho" o cogiendo flores silvestres o entregándote mis dibujos coloreados, o dándote besos pegajosos en la mejilla. En la infancia es tan fácil reflejar lo que está en tu corazón.*

*Pero con el pasar de los años, busqué otras maneras de mostrarte mi cariño. Quería expresar vívidamente todo lo que está en mi corazón. Quería darte las gracias por todo y dejarte saber cuánto tú significas para mí. Quería que tú vieras cómo maduré hasta poder revelarte mis más profundos sentimientos... pero descubrí que las palabras no alcanzan.*

*Así pues espero que me imagines, abriendo lo brazosy diciendo "Te quiero... ASÍ DE MUCHO" porque no encuentro una manera mejor de expresar todo lo que está en mi corazón.*

*– Barbara J. Hall*

# *Mamá, me acuerdo...*

*Me acuerdo que en mi niñez*
*me revolvía bajo mi manta; tú*
*siempre me acomodabas con un beso y*
*un abrazo y palabras que me confirmaban*
*tu amor. Me acuerdo el amparo*
*que sentía al cerrar los ojos.*
*Me acuerdo que al despertarme por la mañana*
*tú siempre estabas allí esperando con*
*una sonrisa y preparando mi desayuno*
*preferido. Me acuerdo de tus adioses*
*cuando me iba a la escuela.*
*Me acuerdo de tus palabras sabias y*
*alentadoras cuando yo erraba y*
*temía probar mis alas.*
*Me acuerdo de tus pesares*
*si bien tú los ocultabas.*
*Me acuerdo de las preparaciones*
*para todas las fiestas, las decoraciones, y*
*tú cocinando por días nuestras recetas*
*favoritas mientras tarareabas*
*canciones de regocijo. Me acuerdo que yo quería*
*que duraran para siempre las fiestas.*

*Me acuerdo que cuando decidí probar mis alas,*
*tú me alentaste dulcemente sin mostrar*
*tu congoja y ansiedad. Me acuerdo de*
*tus adioses cuando me fui*
*vagabundeando por el mundo.*
*Me acuerdo de tu sonrisa, tu dulce voz,*
*la calidez de tus brazos, y todo lo que*
*diste de ti a los que amabas.*
*Me acuerdo todos los días de la suerte*
*de tenerte de mamá.*

*¡Y por siempre me acuerdo de cuánto te amo!*

*– Geri Danks*

# *En mi corazón por siempre seré tu bebé, mamá*

*A veces me gustaría estar en tu regazo y compartir mis sueños, confesar todos mis temores, y saber que tú siempre los harás desaparecer.*

*No recuerdo exactamente cuándo empezó... pero al crecer cada vez más quería guardarlo todo dentro de mí. No te decía mis sentimientos; intentaba no mostrar mi congoja. Pero tú siempre sabías y comprendías cómo soy.*

*Siempre supiste percibir mis pesares, interpretar mis sentimientos, y consolarme con tu amor. Más aún, me has permitido la intimidad de mis pensamientos y mi sensación de independencia, dándome la fortaleza para crecer como persona adulta.*

*Quiero que sepas cuánto te quiero, y cuánto para mí significa tu amor. Siempre has estado a mi lado.*

*Si es que hay un amor altruista, yo sé que ese es tu amor por mí. Este conocimiento me ha ayudado por muchas sendas difíciles cuando estaba a solas y me preguntaba si a alguien le importaba.*

*A veces añoro esos días de la niñez en tu regazo. Pero bajo el barniz de madurez que transmito y de seguridad emocional en el estilo de vida independiente que me impuse... ¡En mi corazón por siempre seré tu bebé y por siempre te necesitaré!*

*– Lan T. Nguyen*

## *Gracias, mamá*

*Quiero pedirte perdón*
*por los sinsabores*
*que pueda haberte causado*
*en el pasado*
*pues no soy*
*una persona fácil*
*para convivir*
*con mi independencia y fortaleza*
*pero debes saber*
*que aunque*
*no lo creyeras*
*tus valores e ideales*
*están dentro de mí*
*y los llevo en el corazón*
*en todo lo que hago.*

*Tú siempre fuiste*
*estable, fuerte, generosa y cálida*
*una persona ideal para tomar de ejemplo*
*Es lo que me dio*
*la fortaleza para conducir*
*mi propia vida*
*según mis propias normas*
*Tu liderazgo y tu amor*
*me permitieron crecer*
*y convertirme*
*en una persona feliz*
*y yo creo que eso es*
*lo que toda madre desea*
*para su prole.*
Gracias

– *Susan Polis Schutz*

# *Ser una mamá es el mejor trabajo del mundo*

*¿En qué empleo recibes una bonificación en besos y abrazos? Claro, el sueldo no es gran cosa, pero trabajo no te falta nunca.*

*Ser una mamá requiere las cualidades más diversas. Maestra (para la tarea escolar); conductora (para llevar a los niños); mucama (para poner orden); monja (para dar los sermones que hagan falta); médica (para las rodillas lastimadas); terapeuta (para dispensar consejos no solicitados); encargada de libertad condicional (para los traviesos).*

*¿Qué otro empleo ofrece tantas oportunidades de desafío? Y lo mejor de todo es la seguridad en el empleo – no tienes que preocuparte por despidos: Una buena mamá no se encuentra fácil.*

*– Connie Meyer*

# El corazón de una madre

Hay cierta magia en el aire
cuando una mujer se convierte en madre.
Desde su primer instante de dicha con
el bebé en sus brazos,
una transformación asombrosa
se va produciendo.
Alimentado en la fuente del amor incondicional,
su corazón se llena y se expande y se afianza
para nutrir y proteger a su infante
por siempre jamás.
En el corazón de una madre, ningún infante es común;
ella ve la belleza que el mundo frenético no detecta.
El corazón de una madre siente los pesares de su prole
y está a su lado con palabras de aliento.
El corazón de una madre no se rinde jamás.
Aunque la vida parezca fría y oscura,
aunque otros piensen mal,
aunque haya obstáculos en su camino,
ella jamás pierde la esperanza ni la fe en su prole.
Aunque vayamos muy lejos en el camino de la vida
y logremos triunfos, nada en la vida se compara
con la recompensa de la sonrisa de un corazón de madre.

– Patricia A. Teckelt

*Hay algunas cosas*
*que siempre quise decirte.*
*Si tienes un par de minutos,*
*he aquí algunas cosas*
*que necesito decirte...*

*Gracias, Mamá, por darme la vida, por querer mi existencia y por amarme.*
*Gracias por cuidarme en mis enfermedades de la niñez (aún aquellas que me inventé).*
*Gracias por curar mis rodillas lastimadas, mis dedos doloridos y mi corazón herido.*
*No sabes mi gratitud por cada comida compartida en la mesa hogareña y las confidencias nocturnas con chocolate caliente.*

*Gracias por ayudarme a crecer, por enseñarme*
*a probar mis alas, y por no decir jamás,*
*"Te lo dije".*
*Gracias por alentarme y creer en mi aún*
*cuando yo perdía la fe.*
*Gracias por enorgullecerte hasta de mis triunfos*
*más menudos.*

*No existen palabras para expresarte los*
*sentimientos de mi corazón.*
*Aunque no sean las más elocuentes, más que*
*nada quiero decir, "Gracias por ser la mejor*
*mamá que se pudiera tener".*

*– Janet Kostelecky Nieto*

*Que por hoy estés rodeada*
*de todo lo mejor,*
*porque así debería ser por siempre*
*este mundo para ti.*
*Que tu día brille*
*y resplandezca de*
*los más cálidos rayos del sol.*
*Que tu día esté tejido*
*de colores del arco iris,*
*lleno de promesas,*
*feliz, sereno,*
*y tan perfecto*
*que no pueda ser interrumpido*
*excepto para hacerse mejor*
*de minuto a minuto, de hora en hora.*
*Que por hoy puedas acoger estos deseos*
*en tu corazón*
*como un don que envía*
*mi corazón al tuyo.*
*Y que tuyas sean las bendiciones*
*de la vida para hoy*
*y para todos los días del año.*

*– Barbara J. Hall*

# *"Por siempre jamás"*

*Por siempre jamás es el tiempo que te amaré, mamá. Es para decirte el tiempo que estarás en mi corazón. Allende las estaciones. Más allá de cada amanecer. Cada momento de mi vida. Cada mañana, estarás junto a mí. Entibiando mi corazón. El más dulce de los recuerdos.*

*Por siempre jamás es el tiempo que te agradeceré por ser mi inspiración más hermosa; por ser tan fuerte, por ser tan sabia... por ser la mujer que yo hubiera elegido madre con gratitud... si de mi hubiese dependido.*

*Por siempre jamás es para siempre*
*a través de todo lo que ocurra.*

*Cuando mi corazón está henchido*
*de gratitud, admiración y amor...*
*yo siempre sé que es porque*
*estoy pensando en ti, mamá.*

*– Laurel Atherton*

## *Mi perfecta madre*

*Tu corazón es grande. Tu amor es puro. Tú quieres para mí todo lo mejor y me acompañas en mis pesares. Muchas veces te importan más mis tribulaciones que las tuyas, y perdonas mis errores. Tú me amas sin condiciones. Lo que soy y lo que hago está bien para ti. Tú me aceptas... como soy. Eres más de lo que yo podría desear en una madre. Eres mi perfecta madre y mi gratitud vuela hacia ti.*

*Siempre estás a mi lado: para escuchar mis quejas, para compartir mi alegría, para sentir mi dolor, para escuchar mis aventuras, para aconsejarme, para llorar conmigo y esperar conmigo y reír conmigo, para perdonarme cuando hago tonterías. Si una palabra severa escuché de tus labios, se justificaba. No hay en ti ni un dejo de egoísmo... sino una madre que esparce libremente, alegremente, dichosamente y perfectamente su amor.*

*Si vagabundeara por el mundo, jamás encontraría una madre más perfecta que tú. Si pudiera elegir a mi madre entre todas las mujeres te elegiría a ti. Dios me bendijo al darme esta familia y a ti como madre. Después de todo, sin ti, yo no sería yo. Eres mi madre perfecta, y te amo y te aprecio más de lo que podría jamás expresar. Espero y oro para tu felicidad, y que se cumplan todos tus sueños. Oro por la salud perfecta y una felicidad sin límites para ti.*

*– Donna Fargo*

# Mamá...

Hemos pasado momentos difíciles
en nuestra relación –
momentos en los cuales nuestra voluntad férrea
oscurecía el amor de nuestro corazón.
En ocasiones elegí caminos
que no te parecían bien,
pero tú siempre estuviste a mi lado
para guiarme de regreso al hogar
y acogerme en tus brazos reconfortantes.
Me ha llevado un tiempo
apreciar tu sabiduría:
primero tuve que dejar
de mirarte con los ojos de la niñez.
Ahora quiero decirte
lo que no te he dicho lo suficiente...

Te quiero,
y me llena de felicidad
que tú seas
mi madre.

– Lori Glover

*Se necesita una mujer especial*
*que se enfrente a los retos*
*de ser madre.*
*Se necesita una actitud positiva*
*para mantenerte optimista*
*ante los malos momentos.*
*Para ser madre se necesita*
*mucha confianza en si misma*
*para mantenerse fuerte*
*cuando resultaría mucho más fácil*
*simplemente rendirte.*
*Se necesita fe en si misma*
*y en su familia,*
*para descubrir la fortaleza para avanzar*
*hacia un día mejor.*
*Se necesita ternura de espíritu*
*y dulzura de corazón,*
*para responder a los cambios*
*diarios de la vida,*
*con toda la concentración*
*enfocada en una única meta:*
*la salud y el bienestar*
*de la familia.*
*Ser madre*
*requiere una mujer que tenga*
*una manera única de transformar*
*los momentos difíciles de la vida*
*en los recuerdos de amor más grandes.*
*Se necesita una mujer maravillosa,*
*como tú.*

*– Linda E. Knight*

# *Diez cosas totalmente maravillosas sobre las madres*

1. *Las madres merecen la luna y las estrellas por todo lo que ellas son.*

2. *Las madres son prueba viva de que hay cosas que no tienen precio y milagros que se realizan.*

3. *Aunque mil cosas haya que hacer, las madres siempre tienen tiempo para ti. Siempre son capaces de encontrar tiempo para lo que hacen para ti.*

4. *Las madres recorren miles de millas si de ti se trata.*

5. *Se merecen mucho más que las recompensas del más rico de la tierra.*

6. *Sólo las madres saben crear arco iris*
   *de la lluvia.*

7. *Las madres son una sonrisa en tu corazón*
   *y una mano que aprieta la tuya.*

8. *Si cometiste un error, por grande que sea,*
   *los brazos de una madre se abren para cobijarte.*

9. *Una madre es una rara mezcla de pensamientos*
   *bellos y recuerdos preciosos, la persona más*
   *querida...*
   *y la mejor de las amigas.*

10. *Una madre es felicidad. Es la dulzura*
    *que inunda tu vida al nacer*
    *y que nunca jamás... se acaba.*

– Collin McCarty

# Sé que en ocasiones no es fácil ser mi mamá

Me hace sentir muy bien saber
que una persona tan estupenda como tú
es mi propia madre.

Pero a veces me hace sentir mal
pensar en las cosas
a las que te expongo.

Mamá, no es mi intención
dificultar las cosas para ti.

No es mi intención hacer nada
que te apene o te preocupe.
Pero sé que en ocasiones
te he dado preocupaciones.
Sé que tú te apenas tanto
sólo porque me quieres.
Y porque quieres sólo lo mejor para mí.

Déjame decirte pues que lamento
las ocasiones en que te desilusioné.
Y déjame agradecerte por haberme criado
de la manera más dulce y amante
imaginable.

– Barin Taylor

## *Un pequeño recordatorio...*
## *Mamá, te quiero*

*Mucho no hablamos de*
*nuestros sentimientos*
*entre nosotros.*
*Más bien los demostramos*
*con el deleite y la risa*
*cuando estamos juntos,*
*con la ayuda que nos prestamos,*
*escuchándonos y amándonos.*
*Desde que he nacido,*
*estás demostrándome un amor*
*que es completo*
*e incondicional.*
*Por eso quiero que sepas*
*que aunque no tenga*
*oportunidades de probar*
*mi amor por ti,*
*está en mi corazón*
*constante y puro,*
*completo e incondicional,*
*como el tuyo.*
*Sé que no siempre*
*lo expreso claramente,*
*y no quiero que quepa*
*ninguna duda.*
*Por eso, recuerda que te amo;*
*que siempre te amé,*
*y siempre te amaré.*

*– Barbara Cage*

# *Mamá, tú eres mi inspiración y mi fortaleza*

*Siempre he admirado tu fortaleza.*
*En momentos de crisis,*
*cuando la familia parecía*
*desintegrarse,*
*tú siempre supiste qué hacer*
*para remediarlo.*
*Te contemplé cuando permitías*
*que yo y otros*
*nos apoyáramos en ti*
*en momentos difíciles.*
*Te contemplé celebrar*
*los momentos de dicha también,*
*mostrándonos tu amor con abrazos*
*y dulces palabras,*
*orgullosa de nuestros triunfos.*

*Me honra que seas mi madre*
*y compartir mi vida con la tuya*
*es una bendición.*
*De ti he aprendido a ser*
*amante y responsable.*
*Por ti conozco el consuelo*
*de creer en alguien*
  *hasta el punto*
*de recurrir a ella*
*para que me ayude en mis pesares*
*y comparta mis sinsabores.*
*Tanto me has dado*
  *de ti misma,*
*y también un poco de tu fortaleza*
*aquella que surge*
*cuando una persona tiene la fuerza*
*de ser vulnerable a aquellos*
  *que ama.*
*Quiero que sepas que*
*si en algún momento me necesitas,*
*estaré a tu lado,*
*porque te amo con todo mi corazón.*

*– Lori Pike*

# *Tú eres el corazón del hogar y de la familia*

*No sé cómo pudiste hacerlo, mamá...*
*pero de alguna manera, supiste tomar*
*tu amor y tu dedicación*
*de madre*
*y fusionarlos en miles*
*de cuentos nocturnos,*
*docenas de fiestas y cumpleaños,*
*y un millón de recuerdos*
*creando el mejor sitio de la tierra*
*para los años de la niñez:*

*nuestro hogar.*

*Por el resto de mis días,*
*trataré de cumplir*
*los valores y aspiraciones*
*que tú me inspiraste.*
*Y con amor y orgullo, por siempre*
*te conservaré en un sitio especial:*

*el hogar que es tuyo*
*dentro de mi corazón.*

*– Edmund O'Neill*

# *En nuestro hogar...*

*No sólo hablaremos, sino que sabremos escuchar.*
*No sólo comprenderemos,*
*sino que sabremos comunicarnos.*
*Tendremos sanos valores morales*
*y creeremos en ellos*
*con una convicción que pasará*
*de generación a generación.*
*Expresaremos, no sólo nuestro amor*
*los unos por los otros*
*sino también nuestro perdón.*
*Enseñaremos con el ejemplo.*
*Alentaremos y apoyaremos.*
*Respetaremos nuestras opiniones*
*y nuestra intimidad.*
*Nos ayudaremos en las crisis.*
*Volveremos a construir en las adversidades,*
*y cuando haya problemas*
*juntos los solucionaremos.*
*Tendremos sentido del humor,*
*y sabremos reír y jugar,*
*así como también trabajar.*
*Trataremos a todos con justicia y equidad*
*y esperaremos de todos el mismo trato.*
*Intentaremos dar un ejemplo,*
*no sólo para que otros sigan*
*nuestros pasos,*
*sino para que sepan que*
*en nuestro hogar reina el amor.*

*– Linda E. Knight*

## *Gracias por alentarme a que sea lo mejor que puedo ser*

*Mamá, desearía encontrar una manera*
*para dejarte saber cuán importante tú eres*
*y cuánto te respeto.*
*Mi gratitud es eterna*
*por tu presencia*
*y por enseñarme*
*lo que importa de verdad.*
*Si no he sabido aprender*
*las lecciones que me enseñaste,*
*no es porque*
*tú no me hayas alentado*
*sino por falta de comprensión*
*y apreciación*
*de mi parte.*

*A medida que van cambiando*
*mis prioridades*
*me descubro pidiéndole rumbo*
*a quien ya me ha dado*
*más de lo que merezco.*
*Tú fuiste quien*
*estuvo junto a mí*
*a cada instante,*
*tú fuiste quien me indicó el camino*
*y me impulsó por él, y quien me mostró*
*que la vida se debe tomar*
*como es*
*y convertirla en estupenda.*
*Todo lo que soy hoy te lo debo a ti.*
*Espero que podrás estar*
*tan orgullosa de mí*
*como yo lo estoy de tenerte*
*de madre.*

*– Carrie Rowe*

*Con frecuencia me reconozco*
*como mujer fuerte e independiente,*
*segura de mí misma, orgullosa.*
*Pero a veces olvido que...*

# *A ti te lo debo, Mamá...*

*Si soy fuerte, Mamá, es porque*
*tú me enseñaste a superar los obstáculos sin dejarme intimidar.*
*Si soy tierna, es porque*
*tú supiste ampararme junto a tu corazón en los momentos de tristeza y esperar conmigo que pasaran.*
*Si tengo sentido del humor, es porque*
*tú me animaste a reír y a mantener en perspectiva los desafíos del vivir.*

*Si soy independiente y segura de mí misma,*
*es porque supiste infundirme la confianza de*
*pensar mis propios pensamientos y decidir*
*por mí misma.*
*Si tengo compasión, es porque*
*tú me mostraste la importancia de pensar en*
*los demás y no en los bienes materiales.*
*Si sé amar y tener pasión, es porque*
*tú me diste tu amor a través de los altibajos*
*del crecer y lanzarme a la vida.*

*Trataré de no olvidar*
*que lo mejor de mí*
*a ti te lo debo.*
*Gracias.*

*– Judith Hintz Tanaka*

# *Toda mi vida, mamá...*

*La viví con más altura,*
*la recorrí con más orgullo,*
*la enfrenté con más seguridad*
*cuando temía.*
*Me reí un poco más*
*y lloré mucho menos,*
*y hallé mi rumbo*
*en un mundo en confusión.*
*Más cosas yo probé*
*que no hubiera probado,*
*más cumbres alcancé*
*que hubiera creído posible,*
*y más fuerte me volví*
*en tu cálido abrazo.*

*La vida fluyó más serena,*
*los temores pasaron más rápido,*
*y mis sueños se tornaron realidades.*
*Aprendí a pensar*
*con la mente abierta,*
*respetar mis opiniones,*
*acoger los desafíos,*
*y creer en mí...*

*porque tú eres mi mamá.*

*– Donna L. West*

# *Gracias por ser una persona tan gentil*

*Me pregunto si alguien*
*se ha tomado el tiempo*
*de agradecerte tus gentilezas*
*Eres una persona especial*
*siempre tan considerado con los demás –*
*poniendo sus necesidades antes de las tuyas*
*Eres siempre tan gentil –*
*tratando a los demás de manera tan respetuosa*
*Si todos fueran como tú*
*el mundo sería tan pacífico*
*Aunque los demás siempre están demasiado ocupados*
*para detenerse y agradecerte*
*Espero que sientas el respeto y el amor*
*que todos tienen por ti*
*Y aunque muchas veces*
*he querido agradecerte*
*no lo hice todavía*
*Por eso, ahora mismo*
*quiero darte las gracias*
*por ser una persona tan maravillosa*

*– Susan Polis Schutz*

# *Un tributo de amor a mi madre*

*En las manos de mi madre yo veo*
*el duro trabajo*
*que ha hecho por mí.*
*Veo el cuidado que me dispensaron*
*día a día*
*a través de los años.*

*En los ojos de mi madre siento*
*una suave comprensión de mí –*
*y el anhelo en ocasiones*
*de ayudarme a encontrar una mejor senda*
*en la vida.*

*En los brazos de mi madre hallé*
*el amparo del mundo*
*tantas veces –*
*de los temores, pesares, y todos*
*los sinsabores.*
*Sé que si algo me apena ahora*
*sus brazos se abrirán*
*sólo para mí.*

*En el rostro de mi madre yo veo*
*sus esperanzas para mí*
*escritas en letras de amor;*
*y a menudo también*
*su orgullo por mí.*

*Pero en el corazón de mi madre*
*está el mejor don de todos,*
*porque allí ella conserva todo*
*el amor para mí.*

*– Barbara J. Hall*

*En mi niñez*
*al amparo de tus brazos,*
*el amor me envolvía.*
*Di mis primeros pasos tambaleantes*
*aferrada de tu mano.*
*Cuando me atreví a*
*encaminarme a solas,*
*tus elogios me acompañaban,*
*y tus brazos estaban allí*
*para sostenerme cuando caía.*
*El primer día de clase. La primera bicicleta.*
*La primera cita de amor. El primer desencanto.*
*El primer amor. La primera congoja.*
*Todos los primeros pasos de una vida...*
*y tú siempre a mi lado.*
*Tú siempre sabías cuándo elogiarme,*
*cuándo consolarme, cuándo sostenerme,*
*y cuándo dejar que me levantara por mi cuenta.*
*Escucho en mi mente el eco de*
*tu voz a través de los años.*
*En mi recuerdo, sonríes.*
*Cierro los ojos y siento*
*tus brazos abrazándome.*
*Siempre estás junto a mí.*
*Junto a tu corazón,*
*estoy al amparo, el amor me envuelve.*
*Y te quiero*
*más de lo que puedo expresar.*

*– Mary George*

# *Nuestra relación es tan especial para mí*

*Espero que sepas*
*cuánto te amo*
*y cuánto aprecio*
*todo lo que por mí hiciste.*

*Me alegra que podamos*
*hablarnos con sinceridad,*
*y me es grato que*
*no haya nada que no podamos decir.*

*Me alegra que tanto me hayas amado*
*para permitirme elegir mis sueños,*
*y me es grato que*
*supiste ofrecerme comprensión*
*cuando errores cometí.*

*Me alegra que tanto me hayas amado*
*para darme el espacio de crecer,*
*y me es grato que*
*nos sintamos aún más cerca.*

*Me alegra que tengamos*
*una relación de tanto amor*
*y me es grato que seas mi madre.*

*– Donna Newman*

*Ni un día pasa en mi vida sin que piense*
*en mi buena fortuna de formar parte de*
*una familia como la nuestra.*
*Sé que no es perfecta*
*y que acaso nunca lo será,*
*pero el cariño la hace ejemplar...*

*Nuestra familia tuvo altibajos.*
*Hubo momentos de felicidad*
*y muchos malos ratos también,*
*mas siempre encontramos fortaleza*
*en el apoyo mutuo que nos dimos.*
*No nos faltaron riñas ni conflictos,*
*y a veces decepción,*
*pero lo aceptamos todo*
*sabiendo que al fin*
*el amor que nos une prevalecería.*

*Siempre me ha dado ánimo*
*el poder contar con el apoyo de ustedes*
*en cualquier vicisitud*
*ha hecho toda la diferencia en mi vida.*

*Siempre he sabido que el hogar*
*me acogería siempre que tuviera*
*menester de consejo y de guía,*
*y que tu abrazo me esperaría.*
*Gracias por tu amor*
*y por la confianza y constancia.*
*Tu eres la más maravillosa mamá*
*y gracias a ti, en mi vida,*
*mi familia es uno de los sumos bienes.*
*No importa qué me depara el futuro,*
*o los cambios, año tras año, de mi suerte,*
*mi corazón no cesará de consolarse*
*con la ternura y la unión de mi familia,*
*que da significado a mis días.*

*– Ben Daniels*

# *El amor entre madre e hija es para siempre*

*El amor que compartimos*
*como madre e hija*
*es un lazo eterno.*
*Es el amor en el presente,*
*entrelazado con los recuerdos*
*del pasado,*
*y los sueños del futuro.*
*Está afianzado por los obstáculos salvados*
*y los temores que juntas superamos.*
*Es el orgullo mutuo*
*y el saber que nuestro amor*
*todo lo resiste.*

*Es sacrificio y lágrimas,*
*risas y abrazos.*
*Es comprensión, paciencia,*
*y fe mutua.*
*Es querer lo mejor*
*una para la otra.*
*Es ayudarnos cada vez*
*que surja la ocasión.*
*Es respeto, abrazos,*
*y ternura sin igual.*
*Es vivir momentos juntas*
*y comprendernos con la mirada.*
*Es un amor sin condiciones*
*para siempre jamás.*

*– Barbara Cage*

# *Tengo en mi corazón tanto amor por ti*

*Tengo en mi corazón*
*las lágrimas que conmigo vertiste,*
*silenciosas y sollozantes.*
*Tengo en mi corazón*
*la risa que me enseñaste a reír*
*para que no tomara tan en serio*
*el mundo y mi persona.*
*Tengo en mi corazón*
*los sacrificios que por mí hiciste*
*para que yo pudiera ser feliz.*
*Tengo en mi corazón*
*tus dulces palabras*
*de madre.*
*Tengo en mi corazón*
*la paciencia y la comprensión*
*que me brindaste, para que pudiera*
*ver la vida con ojos diferentes.*
*Tengo en mi corazón*
*la valentía que en mí inspiraste*
*la independencia para elevarme*
*con las alas que me enseñaste a usar.*
*Tengo en mi corazón*
*tanto amor por ti*
*mi maravillosa, hermosa,*
*graciosa madre...*
*el amor que tú me enseñaste*
*sólo con tu presencia.*

*– Claudine Krovoza*

# *"Te quiero, mamá"*

*A menudo he perdido el momento propicio
para expresarte mi orgullo por tus cualidades
y valores.
Respeto tu severidad, tus decisiones y tu manera de
cumplir con tus promesas.
Te admiro en silencio, aunque sé que a veces
te habré dado motivos para pensar que ni
siquiera escucho cuando me hablas.
A veces podrás haber sentido que tus palabras
caían al vacío, pero yo siempre te he escuchado.
Muchas veces tus consejos me han ayudado a ver
más claramente el camino, y a evitar peligros.*

*"Gracias, mamá"...
No has escuchado de mí estas palabras tan a
menudo como hubiera sido mi deber.
Si las hubiera dicho como merecías, repetiría
siempre esas dos palabras por el sinfín de cosas
que haces por mí.*

*Pero hoy, no diré nada más que "Te quiero, mamá...
y siempre te llevo en mi corazón".*

*– Barbara J. Hall*

# RECONOCIMIENTOS

*La siguiente es una lista parcial de autores a quienes la casa editora desea agradecer específicamente por haber otorgado su permiso para la reproducción de sus obras.*

*PrimaDonna Entertainment Corp. por "Tanta son las cosas que has hecho por mí..." por Donna Fargo. Propiedad intelectual © 1997 de PrimaDonna Entertainment Corp. Y por "Mi perfecta madre" por Donna Fargo. Propiedad intelectual © 1998 de PrimaDonna Entertainment Corp. Todos los derechos reservados. Reproducido con permiso.*

*Barbara J. Hall por "Querida mamá." Propiedad intelectual © 1997 de Barbara J. Hall. Todos los derechos reservados. Reproducido con permiso.*

*Geri Danks por "Mamá, me acuerdo...." Propiedad intelectual © 1997 de Geri Danks. Todos los derechos reservados. Reproducido con permiso.*

*Lan T. Nguyen por "En mi corazón por siempre seré tu bebé, mamá." Propiedad intelectual © 1997 de Lan T. Nguyen. Todos los derechos reservados. Reproducido con permiso.*

*Connie Meyer por "Ser una mamá es el mejor trabajo del mundo." Propiedad intelectual © 1998 de Connie Meyer. Todos los derechos reservados. Reproducido con permiso.*

*Patricia A. Teckelt por "El corazón de una madre." Propiedad intelectual © 1998 de Patricia A. Teckelt. Todos los derechos reservados. Reproducido con permiso.*

*Barbara Cage por "Un pequeño recordatorio... Mamá, te quiero." Propiedad intelectual © 1997 de Barbara Cage. Todos los derechos reservados. Reproducido con permiso.*

*Lori Pike por "Mamá, tú eres mi inspiración y mi fortaleza." Propiedad intelectual © 1997 de Lori Pike. Todos los derechos reservados. Reproducido con permiso.*

*Linda E. Knight por "En nuestro hogar...." Propiedad intelectual © 1997 de Linda E. Knight. Todos los derechos reservados. Reproducido con permiso.*

*Mary George por "En mi niñez al amparo de tus brazos...." Propiedad intelectual © 1997 de Mary George. Todos los derechos reservados. Reproducido con permiso.*

*Hemos llevado a cabo un esfuerzo cuidadoso para identificar la propiedad intelectual de los poemas publicados en esta antología, con el objeto de obtener los permisos correspondientes para reproducir los materiales registrados y reconocer debidamente a los titulares de la propiedad intelectual. Si ha ocurrido algún error u omisión, ha sido totalmente involuntario y desearíamos efectuar su corrección en ediciones futuras, siempre y cuando se reciba una notificación por escrito en la editorial:*

*BLUE MOUNTAIN ARTS, INC., P.O. Box 4549, Boulder, Colorado 80306, EE.UU.*